# The Little Boy who Tamed the Clouds and Other Stories: Bilingual French-English Stories for Children

Coledown Bilingual Books

Published by Coledown Bilingual Books, 2023.

THE LITTLE BOY WHO TAMED THE CLOUDS AND OTHER STORIES: BILINGUAL FRENCH-ENGLISH STORIES FOR CHILDREN

First edition. August 2, 2023.

Copyright © 2023 Coledown Bilingual Books.

ISBN: 979-8223817239

Written by Coledown Bilingual Books.

# Table of Contents

# Le Mystère du Chocolat Magique

Il était une fois, dans un petit village enchanté, vivait une jeune fille nommée Amélie. Elle était passionnée de chocolat et adorait aider ses parents à confectionner de délicieuses friandises dans leur petite chocolaterie. Un jour, alors qu'elle cueillait des framboises dans la forêt, elle fit une découverte étonnante : un arbre à chocolat !

Intriguée, Amélie décida de partager cette incroyable trouvaille avec ses parents. Ensemble, ils récoltèrent des fèves de chocolat magique, brillantes comme des étoiles. De retour à la chocolaterie, ils les transformèrent en une tablette de chocolat mystérieux.

La première personne qui goûta ce chocolat magique fut le vieux monsieur Léon, un habitant du village grincheux et bougon. Mais dès qu'il prit une bouchée, quelque chose d'étrange se produisit : il se mit à rire et à danser joyeusement ! Tout le monde fut stupéfait, mais aussi amusé par cette métamorphose.

Très vite, la nouvelle se répandit, et les gens du village affluèrent pour acheter cette tablette de chocolat magique. Chacun souhaitait découvrir quel effet elle aurait sur eux. La chocolaterie d'Amélie devint rapidement l'endroit le plus animé du village.

Cependant, il y avait une personne qui n'était pas heureuse de tout ce succès : Madame Agathe, la propriétaire de la confiserie voisine. Elle était jalouse de la popularité d'Amélie et décida de voler la recette du chocolat magique pour l'utiliser à son profit.

Un soir, sous la lueur de la lune, Madame Agathe s'introduisit dans la chocolaterie d'Amélie et fouilla partout à la recherche du secret de la recette. Mais le chocolat magique avait d'autres plans ! Alors qu'elle volait un morceau, il commença à grandir et grandir jusqu'à ce qu'il la recouvre entièrement.

Au matin, quand Amélie arriva à la chocolaterie, elle trouva Madame Agathe transformée en une immense barre de chocolat. Incapable de bouger, elle demanda pardon, réalisant qu'elle avait fait une erreur en cherchant à voler le secret d'Amélie.

Amélie eut une idée charitable. Elle découpa la barre de chocolat géante en petites parts et distribua ces chocolats à tous les habitants du village. Chacun en prit une bouchée et découvrit que ce chocolat avait un pouvoir particulier : il guérissait les cœurs blessés et faisait naître de la bonté en chacun.

Dès lors, le village devint un endroit encore plus merveilleux. Les habitants étaient plus gentils, plus attentionnés les uns envers les autres, et Madame Agathe apprit sa leçon et devint une personne plus aimable.

Ainsi, grâce au chocolat magique d'Amélie, la joie et la générosité régnaient désormais dans ce petit village enchanté, et tous les enfants venaient déguster le fameux chocolat en compagnie de la souriante Amélie.

Et c'est ainsi que se termine cette délicieuse aventure du chocolat magique qui nous rappelle que la bonté et la générosité sont les plus grands trésors que l'on puisse offrir.

# The Mystery of the Magical Chocolate

Once upon a time, in a small enchanted village, lived a young girl named Amélie. She was passionate about chocolate and loved helping her parents create delicious treats in their little chocolate shop. One day, while she was picking raspberries in the forest, she made an astonishing discovery: a chocolate tree!

Intrigued, Amélie decided to share this incredible find with her parents. Together, they harvested magical chocolate beans, shining like stars. Back at the chocolate shop, they transformed them into a mysterious chocolate bar.

The first person to taste this magical chocolate was old Mr. Léon, a grumpy and grouchy villager. But as soon as he took a bite, something strange happened: he began to laugh and dance joyfully! Everyone was amazed but also amused by the transformation.

Word quickly spread, and people from the village flocked to buy this magical chocolate bar. Each one wanted to discover what effect it would have on them. Amélie's chocolate shop quickly became the liveliest place in the village.

However, there was one person who was not happy about all this success: Madame Agathe, the owner of the neighboring candy store. She was jealous of Amélie's popularity and decided to steal the recipe for the magical chocolate to use it for her benefit.

One evening, under the moonlight, Madame Agathe sneaked into Amélie's chocolate shop and searched everywhere for the secret recipe. But the magical chocolate had other plans! As she stole a piece, it began to grow and grow until it completely covered her.

In the morning, when Amélie arrived at the chocolate shop, she found Madame Agathe transformed into an enormous chocolate bar. Unable to move, she asked for forgiveness, realizing that she had made a mistake by trying to steal Amélie's secret.

Amélie had a compassionate idea. She cut the giant chocolate bar into small pieces and distributed them to all the villagers. Each one took a bite and discovered that this chocolate had a special power: it healed wounded hearts and brought kindness to everyone.

From then on, the village became an even more wonderful place. The villagers were kinder, more caring towards each other, and Madame Agathe learned her lesson and became a more likable person.

And so, thanks to Amélie's magical chocolate, joy and generosity now reigned in this small enchanted village, and all the children came to enjoy the famous chocolate in the company of the smiling Amélie.

And that's how this delightful adventure of the magical chocolate ends, reminding us that kindness and generosity are the greatest treasures we can offer.

# Le Petit Garçon aux Pouvoirs Merveilleux

Il était une fois, dans un petit village au cœur d'une forêt mystérieuse, vivait un garçon nommé Théo. Théo n'était pas comme les autres enfants de son âge. Il était né le huitième jour du huitième mois de l'année, et depuis ce jour, il possédait des pouvoirs étranges et merveilleux.

Dès son plus jeune âge, Théo avait remarqué qu'il pouvait communiquer avec les animaux. Les oiseaux chantaient pour lui, les écureuils venaient lui faire des câlins, et les lapins sautaient joyeusement à ses côtés. Tous les animaux du village l'adoraient et le considéraient comme leur ami le plus cher.

Mais ce n'était pas seulement avec les animaux que Théo avait des pouvoirs magiques. Il pouvait également guérir les plantes malades rien qu'en les touchant. Ses parents, émerveillés par ses dons, lui apprirent à utiliser ses pouvoirs avec sagesse et bonté.

Un jour, alors que Théo se promenait dans la forêt, il rencontra une étrange créature : un petit lutin aux yeux pétillants. Le lutin lui dit qu'il était le gardien de la forêt et qu'il avait entendu parler des pouvoirs magiques de Théo.

Le lutin expliqua à Théo que son pouvoir le plus extraordinaire était celui de rendre les gens heureux. Il avait le don de trouver le bonheur là où il semblait être perdu. Le lutin lui offrit un petit flacon rempli d'une poussière scintillante et lui dit qu'il suffisait de la répandre autour de lui pour répandre le bonheur.

Théo était enchanté par ce cadeau et décida de mettre son pouvoir à l'épreuve. Il commença par répandre la poussière magique dans le village, et bientôt tous les habitants étaient envahis par un sentiment de joie et de bien-être.

Mais Théo savait que le vrai bonheur résidait dans le partage. Alors, il décida de parcourir le monde pour aider les gens qui en avaient le plus besoin. Partout où il allait, il apportait avec lui la poussière magique et rendait les cœurs tristes aussi légers que des plumes.

Un jour, alors qu'il voyageait dans un lointain royaume, Théo rencontra une princesse solitaire et mélancolique. Elle était enfermée dans un château sombre et ne pouvait sortir que rarement. Théo sut immédiatement qu'il devait l'aider.

Il répandit la poussière magique dans tout le château, et bientôt, les murs sombres s'illuminèrent de couleurs chatoyantes. La princesse retrouva son sourire et découvrit la beauté cachée de son royaume.

Reconnaissante, la princesse demanda à Théo de rester avec elle, mais il savait qu'il avait encore tant de personnes à aider dans le monde. Il promit de revenir la voir un jour, mais pour l'instant, il devait continuer son voyage.

Ainsi, Théo continua son périple à travers les contrées lointaines, apportant le bonheur partout où il passait. Les gens l'attendaient avec impatience, sachant que son passage les remplirait de joie et d'espoir.

Et c'est ainsi que le petit garçon aux pouvoirs merveilleux parcourut le monde en répandant la magie du bonheur. Chaque huitième jour du huitième mois, il revenait dans son village natal, où tous les animaux et les habitants se réunissaient pour célébrer la joie qu'il apportait.

Et le monde entier savait qu'il y avait quelqu'un de spécial, un enfant extraordinaire qui pouvait transformer la tristesse en bonheur et répandre l'amour partout où il allait. Théo était le gardien du bonheur, et son pouvoir était le plus précieux trésor qu'il puisse posséder.

# The Little Boy with Marvelous Powers

Once upon a time, in a small village nestled in a mysterious forest, there lived a boy named Theo. Theo was not like other children his age. He was born on the eighth day of the eighth month of the year, and since that day, he possessed strange and marvelous powers.

From a young age, Theo noticed that he could communicate with animals. Birds sang for him, squirrels came to cuddle with him, and rabbits joyfully hopped by his side. All the village animals adored him and considered him their dearest friend.

But it wasn't just with animals that Theo had magical powers. He could also heal sick plants just by touching them. His parents, amazed by his gifts, taught him to use his powers wisely and with kindness.

One day, while Theo was wandering in the forest, he met a strange creature: a little elf with sparkling eyes. The elf told him that he was the guardian of the forest and that he had heard about Theo's magical powers.

The elf explained to Theo that his most extraordinary power was to make people happy. He had the gift of finding happiness where it seemed to be lost. The elf gave him a small vial filled with shimmering dust and told him that all he had to do was sprinkle it around him to spread happiness.

Theo was enchanted by this gift and decided to put his power to the test. He began by spreading the magical dust in the village, and soon all the villagers were filled with a sense of joy and well-being.

But Theo knew that true happiness lay in sharing. So, he decided to travel the world to help those who needed it the most. Everywhere he went, he carried the magical dust with him and made sad hearts as light as feathers.

One day, while traveling in a distant kingdom, Theo met a lonely and melancholic princess. She was confined in a dark castle and could only leave rarely. Theo knew immediately that he had to help her.

He sprinkled the magical dust all over the castle, and soon, the dark walls lit up with shimmering colors. The princess regained her smile and discovered the hidden beauty of her kingdom.

Grateful, the princess asked Theo to stay with her, but he knew that there were still so many people to help in the world. He promised to come back to see her someday, but for now, he had to continue his journey.

And so, Theo continued his quest through distant lands, bringing happiness wherever he went. People eagerly awaited his arrival, knowing that his presence would fill them with joy and hope.

And that's how the little boy with marvelous powers traveled the world, spreading the magic of happiness. Every eighth day of the eighth month, he returned to his hometown, where all the animals and villagers gathered to celebrate the joy he brought.

And the whole world knew that there was someone special, an extraordinary child who could turn sadness into happiness and spread love wherever he went. Theo was the guardian of happiness, and his power was the most precious treasure he could possess.

# Le Mystère de la Potion Enchantée

Il était une fois, dans un petit village en plein cœur d'une vallée, vivait un jeune garçon nommé Pierre. Pierre était curieux de nature et aimait explorer les bois qui entouraient le village. Un jour, alors qu'il se promenait près d'une clairière, il découvrit un mystérieux chaudron en cuivre caché sous un buisson.

Intrigué, Pierre s'approcha du chaudron et trouva une note écrite à la main à côté de celui-ci. La note disait : "Cher aventurier, si tu oses mélanger les ingrédients suivants dans ce chaudron, tu verras ta plus grande imagination prendre vie."

Curieux et plein d'enthousiasme, Pierre lut les ingrédients indiqués sur la note : "Une larme de lune, une plume de rossignol, une goutte de rosée magique et une pincée de poussière d'étoile."

Sans hésiter, Pierre se mit à la recherche des ingrédients magiques. Il grimpa sur une colline pour cueillir la rosée du matin, attendit la nuit pour que la lune verse une larme et, avec beaucoup de patience, réussit à obtenir une plume d'un rossignol endormi.

Le plus difficile fut de trouver la poussière d'étoile. Pierre grimpa sur un arbre aussi haut que possible pour attraper une étoile scintillante. Mais les étoiles semblaient si lointaines qu'il ne savait pas comment les atteindre.

Soudain, alors qu'il était sur le point de renoncer, une étoile filante traversa le ciel. Pierre tendit la main, et par un coup de chance, réussit à attraper la poussière d'étoile qui tombait doucement du ciel.

Avec tous les ingrédients réunis, Pierre rentra chez lui, où il commença à préparer la potion enchantée dans le chaudron en cuivre. Il mélangea la larme de lune, la plume de rossignol, la goutte de rosée magique et la poussière d'étoile, suivant scrupuleusement les instructions de la note.

Une fois la potion prête, Pierre la versa dans un petit flacon et la rangea avec précaution dans sa chambre. Il était épuisé par toutes ses aventures et s'endormit rapidement.

Le lendemain matin, Pierre se réveilla avec une excitation fébrile. Il se rappela de la potion enchantée et se demanda si elle était réellement magique. Il prit le flacon dans ses mains, en versa une goutte sur le sol et attendit.

Soudain, devant ses yeux émerveillés, la goutte de potion se transforma en une petite fée étincelante ! Elle dansa joyeusement dans les airs et parla à Pierre d'une voix douce.

"Merci de m'avoir libérée de la potion enchantée. Je suis la fée des rêves et de l'imagination. Grâce à toi, je suis libre de voler dans le monde et d'aider les enfants à réaliser leurs rêves les plus fous."

Pierre fut émerveillé par cette rencontre magique. Dès lors, chaque soir, la fée des rêves venait visiter Pierre, et ils partaient ensemble dans des aventures extraordinaires.

Grâce à la fée des rêves, Pierre pouvait voyager dans des contrées lointaines, rencontrer des créatures fantastiques et vivre des histoires incroyables. Il apprit qu'avec un peu d'imagination, tout était possible.

Et c'est ainsi que Pierre vécut heureux et continua d'explorer le monde avec sa nouvelle amie. La potion enchantée avait révélé le pouvoir de l'imagination, et Pierre savait désormais que les rêves pouvaient se réaliser, même les plus merveilleux.

# The Mystery of the Enchanted Potion

Once upon a time, in a small village in the heart of a valley, lived a young boy named Pierre. Pierre was curious by nature and loved exploring the woods that surrounded the village. One day, as he was strolling near a clearing, he discovered a mysterious copper cauldron hidden under a bush.

Intrigued, Pierre approached the cauldron and found a handwritten note next to it. The note said: "Dear adventurer, if you dare to mix the following ingredients in this cauldron, you will see your wildest imagination come to life."

Curious and full of enthusiasm, Pierre read the ingredients listed on the note: "A moon tear, a nightingale feather, a drop of magic dew, and a pinch of star dust."

Without hesitation, Pierre set out to find the magical ingredients. He climbed a hill to gather morning dew, waited until night for the moon to shed a tear, and with much patience, managed to obtain a feather from a sleeping nightingale.

The most challenging part was finding the star dust. Pierre climbed a tree as high as possible to catch a twinkling star. But the stars seemed so far away that he didn't know how to reach them.

Suddenly, just as he was about to give up, a shooting star streaked across the sky. Pierre reached out his hand, and by sheer luck, managed to catch the star dust that was gently falling from the sky.

With all the ingredients gathered, Pierre returned home, where he began to prepare the enchanted potion in the copper cauldron. He mixed the moon tear, the nightingale feather, the drop of magic dew, and the star dust, following the instructions of the note meticulously.

Once the potion was ready, Pierre poured it into a small flask and carefully stored it in his room. He was exhausted from all his adventures and quickly fell asleep.

The next morning, Pierre woke up with eager excitement. He remembered the enchanted potion and wondered if it was truly magical. He took the flask in his hands, poured a drop on the floor, and waited.

Suddenly, before his amazed eyes, the drop of potion transformed into a tiny sparkling fairy! She danced joyfully in the air and spoke to Pierre with a sweet voice.

"Thank you for setting me free from the enchanted potion. I am the fairy of dreams and imagination. Thanks to you, I am free to fly around the world and help children fulfill their wildest dreams."

Pierre was filled with wonder by this magical encounter. From then on, every evening, the fairy of dreams visited Pierre, and they embarked on extraordinary adventures together.

Thanks to the fairy of dreams, Pierre could travel to distant lands, meet fantastic creatures, and live incredible stories. He learned that with a bit of imagination, anything was possible.

And so, Pierre lived happily and continued to explore the world with his new friend. The enchanted potion had revealed the power of imagination, and Pierre now knew that dreams could come true, even the most marvelous ones.

# Le Mystère du Chat Chocolat

———

Il était une fois, dans une petite ville charmante, vivait un chat pas comme les autres. Son nom était Chocolat, et il avait une fourrure aussi brune et soyeuse que du délicieux chocolat fondu. Mais ce n'était pas tout ce qui le rendait spécial. Chocolat avait le pouvoir étonnant de parler aux humains !

Un jour, alors que Chocolat se promenait dans les rues de la ville, il entendit un bruit étrange venant de la vieille maison abandonnée au coin de la rue. Intrigué, il se glissa par une fenêtre ouverte pour découvrir ce qui se passait.

A l'intérieur, il trouva une petite fille nommée Zoé, assise tristement au milieu d'une pièce sombre et poussiéreuse. Elle semblait être seule et perdue. Chocolat s'approcha d'elle et lui dit d'une voix douce : "Ne t'inquiète pas, Zoé, je suis là pour toi."

Zoé fut stupéfaite d'entendre le chat lui parler. Mais au lieu d'avoir peur, elle se sentit rassurée et sourit à Chocolat. Elle lui raconta qu'elle venait d'emménager en ville et qu'elle se sentait seule parce qu'elle ne connaissait personne.

Chocolat comprit que Zoé avait besoin d'un ami, et il décida d'être ce compagnon fidèle. Il passa chaque jour avec elle, lui racontant des histoires amusantes et l'aidant à s'adapter à sa nouvelle vie. Petit à petit, Zoé retrouva le sourire, et une amitié extraordinaire naquit entre la fillette et le chat chocolat.

Un après-midi ensoleillé, alors qu'ils se promenaient dans le parc, Chocolat entendit des chuchotements derrière les buissons. Il se cacha pour voir ce qui se passait et découvrit un groupe d'enfants qui semblaient préparer une surprise pour Zoé.

Curieux, Chocolat s'approcha d'eux et les entendit murmurer : "Nous voulons organiser une fête surprise pour Zoé et lui montrer combien nous sommes heureux qu'elle soit parmi nous."

Chocolat était touché par ce geste attentionné des enfants. Il décida de les aider à préparer la fête en secret. Ils fabriquèrent des guirlandes colorées, préparèrent des gâteaux délicieux et dessinèrent de jolies cartes pour Zoé.

Le jour de la fête arriva, et Zoé fut invitée au parc par les enfants. Quand elle arriva, elle fut surprise de voir tous les sourires chaleureux qui l'attendaient. Les enfants crièrent : "Joyeux anniversaire, Zoé !"

Zoé était émue aux larmes. Elle ne s'attendait pas à ce que les enfants aient organisé une fête pour elle. Elle regarda autour d'elle et vit Chocolat, avec un nœud papillon coloré autour du cou, assis sur une table, souriant fièrement.

"Chocolat, tu es vraiment le meilleur ami du monde ! Merci d'avoir rendu ma journée spéciale", dit Zoé en le prenant dans ses bras.

Depuis ce jour, Zoé et Chocolat étaient inséparables. Ils avaient découvert que l'amitié était le plus précieux des trésors et qu'ensemble, ils pouvaient surmonter tous les défis.

Et c'est ainsi que le mystère du chat Chocolat égaya la vie de Zoé et lui apporta une amitié magique qui durerait pour toujours. Dans cette petite ville charmante, une histoire extraordinaire d'amitié et de bonheur avait commencé.

# The Mystery of Chocolate the Cat

Once upon a time, in a charming little town, lived a cat like no other. His name was Chocolate, and he had fur as brown and silky as delicious melted chocolate. But that wasn't all that made him special. Chocolate had the astonishing power of talking to humans!

One day, as Chocolate was wandering the town's streets, he heard a strange noise coming from the old abandoned house at the corner of the street. Intrigued, he slipped through an open window to see what was happening.

Inside, he found a little girl named Zoey, sitting sadly in the middle of a dark and dusty room. She seemed to be alone and lost. Chocolate approached her and spoke to her in a gentle voice, saying, "Don't worry, Zoey, I'm here for you."

Zoey was amazed to hear the cat talking to her. But instead of being scared, she felt reassured and smiled at Chocolate. She told him that she had just moved to town and felt lonely because she didn't know anyone.

Chocolate understood that Zoey needed a friend, and he decided to be that loyal companion. He spent each day with her, telling her funny stories and helping her adjust to her new life. Gradually, Zoey regained her smile, and an extraordinary friendship blossomed between the little girl and the chocolate cat.

One sunny afternoon, as they were strolling in the park, Chocolate overheard whispers behind the bushes. He hid to see what was going on and discovered a group of children who seemed to be preparing a surprise for Zoey.

Curious, Chocolate approached them and heard them murmuring, "We want to organize a surprise party for Zoey and show her how happy we are that she's among us."

Touched by the children's thoughtful gesture, Chocolate decided to help them prepare the surprise secretly. They made colorful garlands, prepared delicious cakes, and drew pretty cards for Zoey.

The day of the party arrived, and Zoey was invited to the park by the children. When she arrived, she was surprised to see all the warm smiles waiting for her. The children shouted, "Happy birthday, Zoey!"

Zoey was moved to tears. She didn't expect the children to organize a party for her. She looked around and saw Chocolate, with a colorful bow tie around his neck, sitting on a table, smiling proudly.

"Chocolate, you truly are the best friend in the world! Thank you for making my day special," Zoey said as she hugged him.

From that day on, Zoey and Chocolate were inseparable. They had discovered that friendship was the most precious treasure, and together, they could overcome any challenges.

And that's how the mystery of Chocolate the cat brightened Zoey's life and brought her a magical friendship that would last forever. In this charming little town, an extraordinary tale of friendship and happiness had begun.

# Le Petit Garçon qui Domptait les Nuages

Il était une fois, dans un petit village niché au pied d'une montagne, vivait un garçon nommé Louis. Louis était différent des autres enfants. Il avait les cheveux couleur du ciel, les yeux étincelants comme des étoiles et une imagination aussi vaste que l'horizon.

Chaque jour, Louis partait à l'aventure dans les prairies, grimpait sur les collines et s'émerveillait devant les nuages qui flottaient dans le ciel. Mais il rêvait de pouvoir voler dans les airs et rejoindre ces nuages douillets.

Un jour, alors qu'il se trouvait au sommet de la montagne, Louis fit une découverte extraordinaire. Il trouva un vieux livre de magie abandonné sous un rocher. Curieux, il commença à le lire et découvrit un sortilège mystérieux qui promettait de dompter les nuages.

Intrigué, Louis décida d'essayer le sortilège. Il récita les mots magiques en pointant son doigt vers le ciel. Soudain, les nuages se rassemblèrent autour de lui et l'entourèrent comme un doux cocon. Louis était envoûté par cette expérience magique.

Dès lors, Louis pouvait parler aux nuages et les contrôler à sa guise. Il les emmenait dans des aventures incroyables, voguant dans le ciel et découvrant des paysages éblouissants. Les nuages dansaient autour de lui, formant des formes fantastiques et des créatures étranges.

La nouvelle de ses pouvoirs magiques se répandit rapidement dans le village, et les gens commencèrent à l'appeler "Le Petit Garçon qui Domptait les Nuages". Les enfants venaient le voir, fascinés par ses exploits et rêvant de voler avec lui dans les cieux.

Un jour, le roi du royaume voisin entendit parler des pouvoirs de Louis. Il était jaloux de son don et décida de le capturer pour utiliser ses pouvoirs à son propre avantage.

Le roi envoya une troupe de soldats pour chercher Louis et le ramener au château. Mais Louis était rusé et agile. Grâce à ses amis les nuages, il réussit à échapper aux soldats et à se cacher dans les montagnes.

Cependant, Louis savait qu'il ne pouvait pas rester caché éternellement. Il devait faire quelque chose pour arrêter le roi et protéger ses amis les nuages.

Il se mit en route pour le château du roi, accompagné de ses nuages fidèles. Arrivé au château, Louis utilisa ses pouvoirs pour créer un immense rideau de nuages sombres, cachant le soleil et plongeant le royaume dans l'obscurité.

Les habitants du royaume étaient effrayés et demandèrent au roi de libérer Louis et de lui rendre ses pouvoirs. Le roi, désemparé par l'obscurité qui régnait, accepta la demande du peuple.

Louis était enfin libre et pouvait continuer à explorer le ciel avec ses amis les nuages. Il était devenu une légende, aimé de tous pour ses exploits extraordinaires.

Et c'est ainsi que le petit garçon qui domptait les nuages apporta
la magie dans le ciel et dans le cœur des gens, rappelant à tous que
l'imagination et l'amitié pouvaient accomplir des miracles.

33

# The Little Boy who Tamed the Clouds

Once upon a time, in a small village nestled at the foot of a mountain, lived a boy named Louis. Louis was different from the other children. He had hair the color of the sky, eyes sparkling like stars, and an imagination as vast as the horizon.

Every day, Louis set off on adventures in the meadows, climbed hills, and marveled at the clouds floating in the sky. But he dreamed of being able to fly in the air and join those fluffy clouds.

One day, while he was at the top of the mountain, Louis made an extraordinary discovery. He found an old abandoned magic book under a rock. Curious, he began to read it and discovered a mysterious spell that promised to tame the clouds.

Intrigued, Louis decided to try the spell. He recited the magic words while pointing his finger to the sky. Suddenly, the clouds gathered around him and surrounded him like a soft cocoon. Louis was enchanted by this magical experience.

From then on, Louis could talk to the clouds and control them at will. He took them on incredible adventures, sailing in the sky, and discovering breathtaking landscapes. The clouds danced around him, forming fantastic shapes and strange creatures.

The news of his magical powers spread quickly in the village, and people began to call him "The Little Boy who Tamed the Clouds." Children came to see him, fascinated by his exploits and dreaming of flying with him in the heavens.

One day, the king of the neighboring kingdom heard about Louis's powers. He was jealous of his gift and decided to capture him to use his powers for his own advantage.

The king sent a troop of soldiers to search for Louis and bring him back to the castle. But Louis was clever and agile. Thanks to his cloud friends, he managed to escape the soldiers and hide in the mountains.

However, Louis knew he couldn't stay hidden forever. He had to do something to stop the king and protect his cloud friends.

He set off for the king's castle, accompanied by his faithful clouds. Upon arriving at the castle, Louis used his powers to create a massive curtain of dark clouds, hiding the sun and plunging the kingdom into darkness.

The people of the kingdom were scared and asked the king to free Louis and return his powers. The king, dismayed by the darkness that prevailed, agreed to the people's request.

Louis was finally free and could continue exploring the sky with his cloud friends. He had become a legend, loved by all for his extraordinary exploits.

And that's how the little boy who tamed the clouds brought magic into the sky and into the hearts of people, reminding everyone that imagination and friendship could accomplish miracles.

37

# Le Mystère du Lutin Farceur

Il était une fois, dans un petit village paisible, vivait un lutin farceur du nom de Léo. Léo était un lutin espiègle aux cheveux verts, toujours vêtu d'un costume chatoyant. Il adorait jouer des tours aux habitants du village et leur faire des farces incroyables.

Chaque matin, les villageois se levaient avec appréhension, se demandant quelle farce Léo allait jouer aujourd'hui. Certains jours, il colorait les moutons en rose vif, d'autres jours, il transformait les chapeaux des personnes en citrouilles. Personne ne pouvait échapper aux malices de Léo.

Mais malgré ses farces, les villageois savaient qu'il était inoffensif et ne faisait jamais de mal à personne. Ils finirent par aimer Léo pour son esprit facétieux et son humour charmant.

Un jour, alors qu'il se promenait dans la forêt, Léo découvrit un mystérieux livre de sorts caché derrière un arbre. Curieux, il l'ouvrit et découvrit des sorts puissants qui pouvaient faire des choses étonnantes.

Intrigué par la puissance de ces sorts, Léo décida de les essayer. Le premier sort qu'il essaya était de faire apparaître des bonbons à partir de rien. Il récita les mots magiques et, tout à coup, une pluie de bonbons multicolores tomba du ciel.

Ravi par son succès, Léo se lança dans d'autres sorts. Il fit pousser des fleurs géantes dans les jardins, fit danser les arbres au rythme de la musique, et même transforma une rivière en chocolat.

Mais un jour, Léo découvrit un sort qui l'inquiétait. C'était un sort qui pouvait changer la personnalité des gens. Il hésita à l'essayer, sachant que cela pourrait changer le caractère des villageois qu'il aimait tant.

Finalement, après mûre réflexion, Léo décida de ne pas utiliser ce sort. Il savait que même s'il aimait jouer des tours, il ne voulait jamais faire de mal à personne.

Au lieu de cela, Léo utilisa ses sorts pour répandre la joie et le bonheur dans le village. Il organisa des fêtes surprises pour les anniversaires, guérit les plantes malades avec ses sorts de guérison, et fit des sculptures de nuages dans le ciel pour émerveiller les enfants.

Les villageois étaient émerveillés par les pouvoirs magiques de Léo et la façon dont il avait transformé leur village en un endroit enchanté.

Mais un soir, alors que Léo était en train de lire son livre de sorts, il entendit un bruit étrange dans la forêt. Il se glissa furtivement derrière les arbres et vit des inconnus en train de discuter des sorts magiques qu'ils pourraient utiliser pour leur propre bénéfice.

Léo réalisa que ces inconnus voulaient utiliser la magie pour dominer le village et prendre le contrôle des gens. Il savait qu'il devait les arrêter.

Avec l'aide des villageois, Léo prépara un plan pour contrer les inconnus. Ils utilisèrent des sorts pour créer des illusions et tromper les méchants. Finalement, ils réussirent à les faire fuir et à protéger leur village.

Depuis ce jour, Léo fut considéré comme un véritable héros dans le village. Il avait utilisé ses pouvoirs pour le bien de tous et avait montré à tous que la magie pouvait être utilisée pour répandre l'amour et la joie.

Et c'est ainsi que le mystère du lutin farceur se transforma en une histoire de courage, d'amitié, et de magie bienveillante qui fut racontée de génération en génération dans le village enchanté.

# The Mystery of the Mischievous Elf

Once upon a time, in a peaceful little village, lived a mischievous elf named Leo. Leo was a playful elf with green hair, always dressed in a colorful costume. He loved playing tricks on the villagers and pulling incredible pranks on them.

Every morning, the villagers woke up with apprehension, wondering what prank Leo would play today. Some days, he would color the sheep in bright pink, while on other days, he would turn people's hats into pumpkins. No one could escape Leo's antics.

But despite his pranks, the villagers knew he was harmless and never meant any harm to anyone. They eventually grew to love Leo for his mischievous spirit and charming humor.

One day, while wandering in the forest, Leo discovered a mysterious spellbook hidden behind a tree. Curious, he opened it and found powerful spells that could do amazing things.

Intrigued by the power of these spells, Leo decided to try them out. The first spell he tried was to conjure candies out of thin air. He recited the magic words, and suddenly, a shower of colorful candies fell from the sky.

Delighted by his success, Leo went on to try other spells. He grew giant flowers in the gardens, made the trees dance to the music, and even turned a river into chocolate.

But one day, Leo came across a spell that worried him. It was a spell that could change people's personalities. He hesitated to try it, knowing that it could alter the characters of the villagers he loved so much.

After much thought, Leo decided not to use this spell. He knew that even though he loved playing tricks, he never wanted to harm anyone.

Instead, Leo used his spells to spread joy and happiness in the village. He organized surprise parties for birthdays, healed sick plants with his healing spells, and made cloud sculptures in the sky to amaze the children.

The villagers were amazed by Leo's magical powers and how he had transformed their village into an enchanting place.

But one evening, as Leo was reading his spellbook, he heard a strange noise in the forest. He stealthily crept behind the trees and saw strangers discussing the magical spells they could use for their own benefit.

Leo realized that these strangers wanted to use magic to dominate the village and take control of the people. He knew he had to stop them.

With the help of the villagers, Leo devised a plan to counter the strangers. They used spells to create illusions and deceive the villains. Eventually, they succeeded in driving them away and protecting their village.

Since that day, Leo was considered a true hero in the village. He had used his powers for the good of all and showed everyone that magic could be used to spread love and joy.

And so, the mystery of the mischievous elf transformed into a tale of courage, friendship, and benevolent magic, which was told from generation to generation in the enchanted village.

# Le Mystère de la Potion Magique

Il était une fois, dans une petite maison au fond de la forêt, vivait un vieux sorcier du nom de Monsieur Merlin. Monsieur Merlin était un homme excentrique avec une longue barbe blanche et un chapeau pointu. Il était célèbre pour ses potions magiques incroyables, dont personne ne connaissait les secrets.

Un jour, alors que le printemps fleurissait, une petite fille nommée Léa rendit visite à Monsieur Merlin. Léa était une enfant curieuse et avide d'aventures. Elle voulait apprendre la magie et découvrir les mystères des potions enchantées.

Monsieur Merlin, amusé par l'enthousiasme de la petite fille, lui proposa un défi. Il lui dit qu'il avait préparé une potion magique très spéciale et que s'il voulait l'apprendre, il devait d'abord résoudre une énigme.

Léa accepta le défi avec détermination. Monsieur Merlin lui donna un parchemin où était écrit l'énigme :

"Dans la forêt enchantée, il y a trois arbres magiques. Le premier arbre donne des feuilles d'or, le deuxième arbre donne des fruits d'argent, et le troisième arbre donne des fleurs de cristal. Trouve ces arbres merveilleux, et tu auras la clé de la potion magique."

Léa partit dans la forêt enchantée, déterminée à résoudre l'énigme. Elle marcha pendant des heures, explorant chaque recoin de la forêt. Finalement, elle aperçut trois arbres majestueux, plus beaux que tout ce qu'elle avait jamais vu.

Le premier arbre avait des feuilles dorées qui brillaient sous les rayons du soleil. Léa cueillit quelques feuilles d'or et les garda précieusement.

Le deuxième arbre portait des fruits argentés, qui scintillaient comme des étoiles. Léa cueillit quelques fruits d'argent et les plaça dans son panier.

Enfin, elle arriva devant le troisième arbre, dont les fleurs étaient transparentes comme des cristaux. Léa cueillit quelques fleurs de cristal et les garda avec précaution.

Tout en tenant les trésors qu'elle avait trouvés, Léa retourna chez Monsieur Merlin. Elle lui montra les feuilles d'or, les fruits d'argent et les fleurs de cristal, avec un sourire de satisfaction sur le visage.

Monsieur Merlin sourit à son tour et dit : "Bravo, chère Léa ! Tu as résolu l'énigme et découvert les arbres magiques. Maintenant, tu es prête à apprendre la potion magique."

Avec attention, Léa écouta les instructions de Monsieur Merlin. Elle mélangea les feuilles d'or, les fruits d'argent et les fleurs de cristal dans le chaudron magique, récita les mots magiques et agita sa baguette en bois de chêne.

Une brume chatoyante se répandit dans la pièce, et le chaudron déborda d'une potion étincelante. C'était une potion qui pouvait faire rire les gens tristes, guérir les cœurs brisés et réaliser les rêves les plus fous.

Léa était émerveillée par la potion magique qu'elle avait créée. Elle remercia Monsieur Merlin pour cet incroyable cadeau et promit de l'utiliser avec sagesse et bienveillance.

Depuis ce jour, Léa devint une sorcière talentueuse et généreuse, répandant la magie du rire et du bonheur dans le monde. Et dans la petite maison au fond de la forêt, Monsieur Merlin continuait à enseigner la magie aux enfants curieux qui venaient à lui, perpétuant ainsi la tradition des potions enchantées et des mystères magiques.

# The Mystery of the Magic Potion

Once upon a time, in a small house deep in the forest, lived an old wizard named Mr. Merlin. Mr. Merlin was an eccentric man with a long white beard and a pointed hat. He was famous for his incredible magic potions, whose secrets no one knew.

One day, as spring blossomed, a little girl named Leah visited Mr. Merlin. Leah was a curious child eager for adventure. She wanted to learn magic and discover the mysteries of enchanted potions.

Amused by the little girl's enthusiasm, Mr. Merlin offered her a challenge. He told her that he had prepared a very special magic potion, and if she wanted to learn it, she first had to solve a riddle.

Leah accepted the challenge with determination. Mr. Merlin gave her a parchment with the riddle written on it:

"In the enchanted forest, there are three magic trees. The first tree gives golden leaves, the second tree gives silver fruits, and the third tree gives crystal flowers. Find these wonderful trees, and you will have the key to the magic potion."

Leah set off into the enchanted forest, determined to solve the riddle. She walked for hours, exploring every corner of the forest. Finally, she spotted three majestic trees, more beautiful than anything she had ever seen.

The first tree had golden leaves that shimmered in the sunlight. Leah picked a few golden leaves and kept them carefully.

The second tree bore silver fruits, which sparkled like stars. Leah picked a few silver fruits and placed them in her basket.

Finally, she arrived in front of the third tree, whose flowers were transparent like crystals. Leah picked a few crystal flowers and held them with care.

Carrying the treasures she had found, Leah returned to Mr. Merlin. She showed him the golden leaves, the silver fruits, and the crystal flowers, with a satisfied smile on her face.

Mr. Merlin smiled in return and said, "Well done, dear Leah! You have solved the riddle and discovered the magic trees. Now, you are ready to learn the magic potion."

With rapt attention, Leah listened to Mr. Merlin's instructions. She mixed the golden leaves, the silver fruits, and the crystal flowers in the magic cauldron, recited the magic words, and waved her oakwood wand.

A shimmering mist spread through the room, and the cauldron overflowed with a sparkling potion. It was a potion that could make sad people laugh, heal broken hearts, and make the wildest dreams come true.

Leah was amazed by the magic potion she had created. She thanked Mr. Merlin for this incredible gift and promised to use it wisely and benevolently.

Since that day, Leah became a talented and generous witch, spreading the magic of laughter and happiness in the world. And in the small house deep in the forest, Mr. Merlin continued to teach magic to curious children who came to him, thus perpetuating the tradition of enchanted potions and magical mysteries.

# Le Géant Gourmand

Il était une fois, dans un pays lointain, vivait un géant pas comme les autres. Son nom était Gustave, et il était un géant très gourmand. Mais ce qui le rendait différent des autres géants, c'était qu'il aimait les légumes et les fruits plutôt que de dévorer les humains !

Gustave vivait dans une vallée enchantée où les fruits et les légumes poussaient en abondance. Chaque jour, il se promenait dans les champs et les vergers, cueillant des pommes juteuses, des carottes croquantes et des fraises sucrées.

Mais il y avait un problème : les autres géants se moquaient de Gustave et le traitaient de "géant bizarre". Ils préféraient manger des humains, ce qui effrayait les habitants du pays.

Un jour, alors que Gustave se promenait dans les champs de tomates, il entendit des pleurs au loin. Il suivit les sons et arriva dans un petit village où les gens étaient tristes et effrayés.

"Pourquoi êtes-vous si tristes ?" demanda Gustave d'une voix douce.

Les villageois lui racontèrent comment les autres géants les terrorisaient en détruisant leurs maisons et en mangeant leurs animaux.

"Je ne veux pas que les autres géants vous fassent du mal", dit Gustave. "Je veux être votre ami et vous protéger."

Les villageois furent surpris par la gentillesse du géant gourmand. Ils lui firent confiance et le traitèrent comme un ami.

Gustave se mit à l'œuvre pour résoudre le problème. Il grimpa au sommet de la montagne où vivaient les autres géants. Là, il les trouva en train de rire et de se moquer des humains.

"Arrêtez ça tout de suite !" dit Gustave d'une voix forte. "Les humains ne sont pas des snacks ! Ils sont mes amis, et je ne vous laisserai pas leur faire du mal."

Les autres géants furent surpris par le courage de Gustave. Ils ne s'attendaient pas à ce qu'un géant préfère des légumes aux humains.

"Tu es différent, Gustave", dirent les autres géants. "Mais si tu nous protèges, nous laisserons les humains tranquilles."

Gustave avait réussi à convaincre les autres géants de ne plus effrayer les humains. Il était devenu un héros dans le pays, aimé de tous pour sa gentillesse et sa bravoure.

Désormais, Gustave et les humains vivaient en harmonie. Il partageait ses légumes et ses fruits avec eux, et ils lui offraient en retour des cadeaux faits avec amour.

Et c'est ainsi que le géant gourmand apporta la paix et l'amitié dans le pays lointain. Il avait montré à tous que l'on pouvait être différent, mais que l'amitié et la bonté pouvaient rassembler même les cœurs les plus éloignés.

# The Greedy Giant

Once upon a time, in a distant land, there lived a giant unlike any other. His name was Gustave, and he was a very greedy giant. But what made him different from other giants was that he loved vegetables and fruits instead of devouring humans!

Gustave lived in an enchanted valley where fruits and vegetables grew abundantly. Every day, he strolled through the fields and orchards, picking juicy apples, crunchy carrots, and sweet strawberries.

But there was a problem: the other giants made fun of Gustave and called him a "strange giant." They preferred to eat humans, which frightened the people of the land.

One day, as Gustave wandered through the tomato fields, he heard distant cries. He followed the sounds and arrived in a small village where people were sad and frightened.

"Why are you so sad?" asked Gustave in a gentle voice.

The villagers told him how the other giants terrorized them by destroying their homes and eating their animals.

"I don't want the other giants to harm you," said Gustave. "I want to be your friend and protect you."

The villagers were surprised by the kindness of the greedy giant. They trusted him and treated him like a friend.

Gustave set out to solve the problem. He climbed to the top of the mountain where the other giants lived. There, he found them laughing and mocking the humans.

"Stop that right now!" Gustave said loudly. "Humans are not snacks! They are my friends, and I won't let you harm them."

The other giants were surprised by Gustave's courage. They didn't expect a giant to prefer vegetables to humans.

"You're different, Gustave," said the other giants. "But if you protect us, we'll leave the humans alone."

Gustave had convinced the other giants to stop scaring the humans. He had become a hero in the land, loved by all for his kindness and bravery.

From then on, Gustave and the humans lived in harmony. He shared his vegetables and fruits with them, and they gave him gifts made with love in return.

And that's how the greedy giant brought peace and friendship to the distant land. He had shown everyone that one could be different, but friendship and kindness could unite even the most distant hearts.

# Le Mystérieux Magasin de Bonbons

Il était une fois, dans une petite rue pittoresque, un mystérieux magasin de bonbons appelé "Le Palais Sucré". Ce magasin était différent des autres boutiques de bonbons de la ville. Les friandises qui s'y vendaient étaient spéciales, car elles étaient magiques !

Un jour, un petit garçon curieux nommé Hugo passa devant le magasin. Intrigué par la devanture colorée et les éclats de rire qui s'en échappaient, il décida d'entrer.

En franchissant la porte, Hugo fut accueilli par une douce mélodie et une atmosphère enchanteresse. Le propriétaire, un vieux monsieur aux yeux pétillants, se présenta comme Monsieur Boniface, le gardien des bonbons magiques.

"Bonjour, jeune homme ! Bienvenue au Palais Sucré ! Ici, tu ne trouveras pas de bonbons ordinaires, mais des friandises magiques qui peuvent réaliser tes vœux les plus chers", expliqua Monsieur Boniface.

Les yeux d'Hugo s'illuminèrent de joie. Il ne pouvait pas en croire ses oreilles. Des bonbons qui exaucent des vœux ? C'était incroyable !

Monsieur Boniface lui fit visiter le magasin enchanté. Il y avait des sucettes qui rendaient invisible, des dragées qui faisaient voler, des chocolats qui changeaient de forme, et bien d'autres friandises magiques !

Chaque bonbon était accompagné d'une petite note expliquant son pouvoir. Hugo était fasciné par toutes ces merveilles.

"Mais attention, jeune homme", avertit Monsieur Boniface avec un sourire malicieux. "Les bonbons magiques doivent être utilisés avec sagesse et prudence. Ils ne doivent pas être utilisés pour faire du mal ou pour satisfaire des désirs égoïstes."

Hugo promit de se montrer responsable et respectueux en utilisant les bonbons magiques.

Le garçon choisit un assortiment de bonbons magiques, dont une sucette qui rendait les objets tout petits. Il se dit que ce serait amusant de faire une blague à sa petite sœur en réduisant ses jouets.

De retour chez lui, Hugo s'empressa d'essayer les bonbons magiques. Il dégusta la sucette qui rendait les objets tout petits et pointa la sucette vers les jouets de sa sœur.

Soudain, les jouets se mirent à rétrécir jusqu'à devenir minuscules ! Hugo avait réussi ! Sa sœur les regarda avec étonnement et éclata de rire en voyant ses jouets tout petits.

Cependant, au fil des jours, Hugo réalisa que ses jouets rétrécis étaient devenus inutilisables. Sa sœur pleurait et voulait retrouver ses jouets normaux.

Regrettant d'avoir été imprudent, Hugo retourna au Palais Sucré pour demander conseil à Monsieur Boniface. Le vieux monsieur lui expliqua qu'il devait formuler un vœu inverse pour réparer son erreur.

Ainsi, Hugo utilisa un autre bonbon magique pour inverser le sort et ramener les jouets de sa sœur à leur taille normale.

Dès lors, Hugo comprit que les bonbons magiques étaient un grand pouvoir, mais qu'il fallait les utiliser avec responsabilité et compassion.

Et c'est ainsi que Hugo apprit une leçon importante grâce au mystérieux magasin de bonbons. Désormais, il savait que les souhaits les plus précieux étaient ceux qui rendaient les autres heureux. Et le Palais Sucré continua de répandre de la magie et du bonheur dans la petite rue pittoresque.

# The Mysterious Candy Store

Once upon a time, in a quaint little street, there was a mysterious candy store called "The Sweet Palace." This store was different from other candy shops in town. The sweets it sold were special because they were magical!

One day, a curious little boy named Hugo passed by the store. Intrigued by the colorful facade and the sounds of laughter emanating from within, he decided to enter.

As he crossed the threshold, Hugo was greeted by a sweet melody and an enchanting atmosphere. The owner, an old man with twinkling eyes, introduced himself as Mr. Boniface, the guardian of the magical candies.

"Hello, young man! Welcome to the Sweet Palace! Here, you won't find ordinary candies, but magical treats that can fulfill your dearest wishes," explained Mr. Boniface.

Hugo's eyes lit up with joy. He could hardly believe his ears. Candies that grant wishes? It was incredible!

Mr. Boniface gave him a tour of the enchanted store. There were lollipops that made you invisible, jellybeans that made you fly, chocolates that changed shape, and many other magical treats!

Each candy came with a little note explaining its power. Hugo was fascinated by all the wonders.

"But be careful, young man," warned Mr. Boniface with a mischievous smile. "Magical candies must be used wisely and responsibly. They must not be used to harm others or to satisfy selfish desires."

Hugo promised to be responsible and respectful when using the magical candies.

The boy chose an assortment of magical candies, including a lollipop that made objects tiny. He thought it would be fun to play a prank on his little sister by shrinking her toys.

Back at home, Hugo couldn't wait to try the magical candies. He savored the lollipop that made objects tiny and pointed it at his sister's toys.

Suddenly, the toys began to shrink until they were tiny! Hugo had succeeded! His sister looked at them with astonishment and burst into laughter at her tiny toys.

However, as the days went by, Hugo realized that her shrunken toys had become unusable. His sister cried and wanted to have her toys back to their normal size.

Regretting his recklessness, Hugo returned to the Sweet Palace to seek advice from Mr. Boniface. The old man explained that he had to make a reverse wish to undo his mistake.

Thus, Hugo used another magical candy to reverse the spell and bring his sister's toys back to their normal size.

From then on, Hugo understood that magical candies held great power, but they had to be used with responsibility and compassion.

And that's how Hugo learned an important lesson through the mysterious candy store. He now knew that the most precious wishes were those that made others happy. And the Sweet Palace continued to spread magic and happiness in the quaint little street.